그런데, 삶이란 무엇인가

그런데, 삶이란 무엇인가

롤프 도벨리 지음 — 유영미 옮김

나무생각

차례

,

?!

누구나 인생에 한 번은 물어야 할 질문들

정체를 노출시키는 엉뚱하고 진지한 질문들

날카로운, 혹은 새로운 질문들

당신의 속을 슬쩍 떠보는 질문들

마음속 소중한 것을 이끌어내는 질문들

직접적이고 현실적이며, 지적인 질문들

상냥하거나 예의를 갖추지 않고 치고 들어오는 질문들

자신의 목표를 새롭게 만나게 하는 질문들

탁월한 삶의 철학이 담긴 질문들

때로는 빠르게, 때로는 느리게 묻고 답하는 질문들

행복

———————————,

무엇이 당신을
행복하게 하는지 확실히
알고 있나요?

행복한 사람들이 행복세를 낸다면 세상은 좀 더
공평해질까요?

|

다른 사람과 인생을 통째로 바꾸고 싶은가요?
그들의 긍정적인 면, 부정적인 면을 다 가져온다는
조건에서요. 만약 바꾸고 싶지 않다면 당신은 어째서
지금 행복에 만족하지 않는 걸까요?

|

당신이 아주 행복한 사람이라고 해봐요. 당신은 자신의
행복을 마음껏 드러낼까요? 아니면 행복하지 않은
사람들을 생각해서 마음껏 드러내지 못할까요?

|

삶의 의미가 순전히 당신을 불행하게 하는 일들을
통해서만 깨달아지는 것이라면, 당신은 삶의 의미를
받아들일 수 있을까요?

스스로 행복하다고 믿는 많은 사람들은 과연 진정으로
행복한 걸까요?

다른 사람과 외모를 바꿀 수 있다면 어떤 사람과
외모를 바꾸고 싶은가요?

당신이 '삶은 그 자체가 선물이다.'라고 말한다면,
빈털터리가 된 다음에도 생명이 붙어 있는 것만으로
감사할 수 있을까요?

|

당신이 불행한 것에 꼭 이유가 있어야 하나요? 이유를
알면 조금 덜 불행해질까요?

|

인생의 의미를 발견했노라고 확신하는 사람들과
어울려 저녁 시간을 보내면 재미있을까요?

|

당신은 여전히 삶의 의미를 찾고 있나요? 아니면 이미
무의미함을 발견했나요?

|

다른 사람이 당신의 복권에 숫자를 채워넣는다고
결과가 달라질까요?

|

동물들은 자살을 하지 않는다고 하던데, 그렇다면
동물이 인간보다 더 행복한 걸까요?

|

당신의 인생에 어떤 기적이 일어나기를 바라고
있나요?

|

잠시 꽃을 보려고 걸음을 멈추었던 때가 언제인가요?

|

삶의 전략

—————————— ,

목표를 이루었나요?
혹시 목표는 이루었는데
자신이 원하던 것이
아닌가요?

지금까지 당신은 무엇을 위해 살았나요?

|

살아오면서 지금까지 세웠던 계획들은 얼마나
현실성이 있는 것들이었나요?

|

당신의 전성기가 찾아오기를 바라고 있나요?

|

자신의 삶과 관련하여 부모 탓을 하지 않게 된 것은
몇 살부터였나요? 아니면 아직까지도 부모 탓을 하고
있나요?

|

당신은 살면서 몇 번이나 새롭게 시작한 경험이
있나요? 그 선택이 잘한 것으로 드러난 적은 몇
번인가요?

|

새롭게 시작하기 위해 어떤 손해를 감수했나요?

|

인생에는 많은 가능성이 있어요. 가능성이 그보다
적다면 주어진 가능성들을 더 소중히 여길까요?

기존의 삶을 박차고 나왔는데, 고작 옆방까지만 간
적이 얼마나 많은가요?

인생이 주요 지점에서 가로막힐 때 당신은 다른
사람에게 양보를 하는 편인가요? 아니면 충돌을
감수하나요?

당신의 길을 가로막는 이정표들도 있나요?

|

자신의 내적 한계를 극복하는 것이 쉬운가요? 아니면
잃어버린 여권을 보여달라는 세관원만 만나도
주저앉는 편인가요?

|

사람들이 당신의 기념비를 세워준다고 가정해봐요.
어떤 이유로 그것을 세워줄까요?

|

주변 환경이 당신을 변화시키는 것보다 당신이 환경을
더 많이 변화시키나요?

|

새로운 것을 부여잡지 않은 상태에서 모두 내려놓을 수
있나요?

|

당신이 이 세상에 없다고 해봐요. (당신 외에) 세상에 또
무엇이 없게 될까요?

|

돈 ─────────────────,

공기를 돈 주고 사야 한다면
당신은 숨을 덜 쉴까요?

단지 부자라는 이유로만 관심이 가는 사람들도
있나요?

|

돈이 얼마만큼 많아야 그것을 관리하고, 숨기고,
지키기 위해 애를 쓰게 될까요?

|

가난하지만 부러운 사람들도 있나요?

|

팁을 주는 것이 올바르다고 생각하나요?

|

저녁 회식 자리에서 주식이나 펀드 이야기가 나오면
얼마나 관심 있는 척하나요?

|

세금 부담을 줄이려고 다른 지역으로의 이사까지
감행하는 사람들을 보면 어떤 생각이 드나요?

|

걸인에게 적선할 때, 다른 사람들이 그에게 건네는
금액이 기준이 되나요?

|

사람은 최소한 얼마만큼의 경제적 여유가 있어야
할까요?

|

외적인 부를 내적인 부와 교환할 수 있는 거래소가
있다면 적극 이용할 생각이 있나요?

|

나이 ——————————,

질병 치료비가
보험료보다 많으면
조금쯤 기분이 좋을까요?

다음 중 어떤 게 더 먼저일까요?

a. 당신이 젊은 사람들에게 더 이상 관심이 없어진다.

b. 젊은 사람들이 당신에게 더 이상 관심이 없어진다.

|

신 앞에 가서 당신의 삶을 결산해야 할 때, 당신은 무슨
말로 신을 설득할 건가요?

|

당신이 꽤 나이가 많은 경우, 같은 또래의 사람들을
다 먼저 보내고 남아 있는 예외적인 존재가 되고
싶은가요? 아니면 평균 수명대로만 살기를 원하나요?

|

경쾌하고 활기가 넘치며 삶의 의욕이 가득한
젊은이들이 모든 것이 가능할 것 같은 분위기를
풍길 때 부럽다는 생각이 드나요? 아니면 더 이상
비현실적인 환상 속에 빠질 필요가 없다는 사실이
위로가 되나요?

|

젊은이들이 가진 활력을 다시 한번 느껴보기 위해
무엇을 희생할 수 있나요?

|

나이와 인격적 성숙의 상관관계를 믿나요?

|

당신이 젊은 시절 아무 생각 없이 단세포처럼 살았다는
사실이 못내 아쉬운가요? 아니면 그랬더라도 뭔가를
이루었다는 사실에 다행이라는 생각이 드나요?

|

같은 나이에 세상을 떠난다는 전제하에, 죽기 직전까지
고통 없이 살다가 고통을 단번에 몰아서 겪은 뒤 죽고
싶은가요? 아니면 오랜 세월 소소한 고통들을 겪으며
살고 싶은가요?

|

나이가 들어가면서 당신의 결점이 더 늘어나고
있나요? 아니면 더 줄어들고 있나요?

|

정치

——————————,

정치 이야기를 하는 것이
짜증 나기 시작하는 것은
몇 살부터일까요?

세계에 정부가 하나라고 할 때, 현존하는 정치인 중
누가 세계의 대통령이 되면 좋을까요?

당신의 관심사 중 얼마나 많은 주제가 진보와 보수의
구분에서 자유로운 것인가요?

정치 성향을 마지막으로 바꾼 게 언제인가요? 정치
성향을 고집하는 것이 인격적으로 성숙하다는
표시라고 생각하나요?

정치적 견해를 삶의 파트너보다 더 자주 바꾸는 사람과
동업을 할 수 있을까요?

세금을 꼬박꼬박 잘 내고 있나요? 아니면 공공
서비스(도로, 가로등, 공원 벤치 등)를 이용할
때마다 따로따로 세금을 지불하는 편이 더 좋다고
생각하나요?

책임을 지겠다고 말하고 사퇴하지 않는 정치인들은
대체 무슨 생각을 하고 있는 것일까요?

당신은 정치인들이 마음속에 두고 하지 않는 말을 듣고
싶은가요? 정치인들이 드러내놓고 하는 말을 듣고
싶지 않다고 생각한 적이 있나요?

당신은 지정학적으로 어디에 있나요?

봄이 왔는데도 전혀 싹이 돋아나지 않는다고 해봐요.
당신이 정치인이라면 구체적으로 무엇을 할 수
있을까요?

학력이 높은 정치인이 더 좋은 결정을 내릴까요?

|

당신의 집에서 금전 정책은 주로 누구 담당인가요?

|

아직도 민주주의의 유익을 보고 있나요?

|

당신이 똑똑한 왕이라면 민주주의를 도입할까요?
이유를 말해보세요.

평소에 민주주의의 유권자들이 어떤 사람들인지 익히
실상을 보고 있는데도 계속하여 민주주의를 신뢰하는
이유가 무엇인가요?

모두가 권력자라면 이 세계는 얼마나 복잡해질까요?

삶

——————————————————— ,

당신 앞에 놓인 길이
당신이 바라는 목적지로
인도할까요?

정신적으로 깨어 있기 위해 당신은 지난 2년간 무엇을
했나요?

|

당신은 자신의 이름을 좋아하나요?

|

다른 모든 것을 자유롭게 결정할 수 있는 것처럼,
이름도 성년이 된 뒤 알아서 선택할 수 있다면
좋을까요?

|

신이 당신에게 다음 중 어떤 증서를 교부해줄까요?

a. 너는 주어진 일을 매우 만족스러울 정도로 해냈다.

b. 너는 주어진 일을 만족스러울 정도로 해냈다.

c. 너는 늘 최선을 다했다.

d. 너는 사교성이 좋아 늘 사람을 빠르게 사귀었다.

e. 너는 독창적인 생각을 많이 하였다.

f. 너는 한 번도 범법 행위를 하지 않았다.

|

당신의 인생 여정의 도로 상태에 대한 보고서에는 어떤 말이 적혀 있을까요?

|

사람들을 얼마나 오래 편견 없이 바라봐줄 수 있나요?

|

당신이 디디고 있는 얼음의 두께는 어느 정도인가요?
각각 두께가 몇 센티미터일지 생각해보세요.

a. 직업적으로

b. 사적으로

c. 도덕적으로

|

누군가 당신에 대해 사실에 충실한 전기를 쓴다고
한다면, 당신은 이 책을 다른 사람들에게 권해줄 수
있을까요?

|

타인 —————————————,

다른 사람을 당신의 인생으로
입장시키는 것과
밖으로 차내는 것 중
어느 것이 더 빨리 되나요?

어떤 사람이 당신에게 너무 가까이 다가오는
경우, 당신은 상대가 당신에 대해 알게 될 것들이
두려운가요? 아니면 당신이 상대에 대해 알게 될
것들이 더 두려운가요?

|

모두가 입을 다물고 있을 때 당신도 입을 다물고 있는
것이 쉬운가요? 아니면 그럴 때 당신은 말을 해야 할
것 같은 의무감을 느끼나요?

|

살아오면서 대략 몇 사람과 악수를 나누었을까요?
대략적으로 답해보세요.

|

그중 진정 어린 악수는 몇 번쯤이었을까요?

|

절대로 악수하지 않을 손은 어떤 손인가요?

|

수많은 사람들이 스스로를 우주의 중심이라고
여긴다는 사실을 어떻게 생각하나요? 당신은 우주의
중심이 되지 않고, 다른 객관적인 중심을 갖고 싶나요?

|

평소 당신은 다른 사람들을 얼마나 인간적으로
따뜻하게 대해주나요? 그리고 다른 사람들은 당신을
얼마나 따뜻하게 대하나요?

누군가에게 호의를 베풀었는데, 상대방은 그만큼의
호의로 보답하지 않을 때 당신의 기분은 어떤가요?

삶을 속속들이 알지 못하는 사람이 차라리 더 편하다고
여긴 적이 있나요?

배우자나 연인의 성격을 자주 비난하나요? 어차피
성격을 바꿀 수 없는데도요?

|

사람들이 당신을 좋아해주는 것보다 당신이 사람들을
더 좋아하는 편인가요?

|

100년 뒤 후손들이 우리 세대를 어떻게 평가할까요?
어떤 점을 칭찬해줄까요?

|

당신이 다른 사람을 칭찬하는 것과 다른 사람이 당신을
칭찬하는 것이 엇비슷하게 균형을 이루나요?

다음 생에도 대인 관계로 어려움을 겪을 것 같은가요?

다른 사람들이 당신을 어떻게 생각하는지 다 알지
못해서 다행인가요?

결혼 ————————————,

당신의 결혼은
일종의 주차장과 같은가요?

두루마리 휴지가 떨어지면 누가 그것을 교환하나요?
당신이 하나요, 아니면 배우자가 하나요?

잠자고 있는 배우자의 얼굴을 보고 있으면 머릿속에
무슨 생각이 스치나요?

함께 해온 지난 세월 동안 당신의 배우자는 장점이 더
많아졌나요, 단점이 더 많아졌나요?

배우자가 깊은 대화를 원한다고 하면서 특정 주제를 제안하지는 않았어요. 이런 상황에서 다음 중 피해야 할 반응은 무엇일까요?

a. 실제적인 주제를 제안한다. 부엌 리모델링, 아이의 성적표, 재활용 쓰레기 배출 등.

b. 딴청을 부리며 이야기하자는 배우자의 말을 못 들은 척한다.

c. 의미 있는 대화를 하길 원한다면 주제부터 정하라고 다그친다.

d. 배우자에게 눈을 흘긴다.

e. 당신은 말만 많은 사람보다는 행동하는 사람이 더 좋다고 말한다.

f. 깊은 대화 같은 것은 친구들을 만나서 하는 것이 어떻겠느냐고 제안한다.

g. 이 기회를 틈타 "우리 관계에 아직 더 개선할 게 뭐가 있을까?"라고 묻는다.

결혼 생활에서 문제점들을 끝까지 해결하는 편인가요?
아니면 대충 타협하고 넘어가는 편인가요? 구체적인
예를 통해 당신의 태도를 확인해보세요.

결혼 생활에 전략적 목표가 있나요?

결혼 생활이 불행하다고 생각하는 경우, 당신의 결혼이
영원히 지속될 '위험'은 얼마나 큰가요?

금전적인 이유 때문에 이혼을 하지 못했다고요?
그렇다면 지금은 그때 이혼을 하지 않기를 정말
잘했다고 생각하나요?

당신의 연인 또는 배우자가 어떤 성격이면 좋겠다고
생각하나요? 반려동물은 어떤 성격이었으면 하나요?
둘 사이에 얼마나 큰 공통점이 있을까요?

당신의 배우자가 당신이 세상을 떠난 뒤 곧 새로운
사람을 만나 당신하고 살았던 것보다 더 행복하게
살기를 바라나요? 아니면 그 반대인가요?

절대로 배우자를 용서할 수 없을 것 같은 일은
무엇일까요?

a. 부정

b. 생각으로 부정을 저지르는 것

c. 당신의 농담에 웃어주지 않는 것

d. 당신에 대해 비아냥거리는 것

e. 경탄의 말을 하지 않는 것

f. 당신의 험담을 하는 것

g. 당신의 신용카드를 허락 없이 마구 쓰는 것

h. 부부 심리 치료를 받자며 당신을 끌고 가는 것

i. 살림을 게을리하는 것

j. 각종 지적질

k. 당신에게서 독립하는 것

당신의 결혼은 기대했던 시너지 효과를 가져왔나요?

사고 ─────────────────── ,

당신은 생각의 감시자인가요,
아니면 포로인가요?

독립적으로 사고하는 데는 얼마나 많은 돈이 들까요?

|

생각을 공개적으로 표명하는 데는 얼마나 돈이
들까요?

|

한 가지 생각을 붙들면 끝장을 보아 결론을 내리는
편인가요? 아니면 끝장을 보는 건 다른 사람에게
맡기는 편인가요?

|

샤워를 하는 도중에 좋은 아이디어가 떠오르는
사람들이 많다고 해요. 그럼 나쁜 생각이 떠오르는
장소는 어디인가요?

|

유용하고 실용적인 생각이라야 당신 마음에 드나요?

|

풍요로운 사고를 재산처럼 생각하나요? 이런 생각의
보물을 위해 보험을 든다면 얼마짜리 보험을 들 생각이
있나요?

|

당신 스스로와 더불어 이야기하는 내면의 음성은 몇
가지인가요? 내면의 음성이 여러 개인 경우, 모두가
같은 목소리를 내나요? 아니면 서로 다른 목소리라
혼란스럽나요? 아니면 계속 웃기만 하나요?

|

당신과 다른 생각을 하는 사람을 얼마나 존중하나요?
존중한다면, 생각의 내용도 존중하나요?

|

아이디어가 떠오르지 않는 경우 인공적인 방법을
동원한 적이 있나요?

|

당신이 결코 하지 않는, 앞으로도 결코 하지 않을
생각은 어떤 것일까요?

|

당신이 이룬 일과 평소 사고방식 간에 관계가 있다고
보나요?

|

아무 생각이나 다 할 수 있는 세상이 되면 좋겠어요?

|

이야기 중에 전혀 모르는 내용이 나왔을 때 솔직하게
모른다고 시인하나요? 얼마나 자주 그렇게 하나요?

|

당신의 생각 중 어떤 생각이 길이 남을 가장 대단한
생각이라고 생각하나요?

|

머릿속에서 어떤 생각을 하다가 다른 생각으로
넘어가기까지 평균적으로 얼마나 오래 걸리나요?

|

운동 ─────────────── ,

운동을 즐거워서 하나요,
건강을 생각해서 하나요?

당신이 규칙적으로 운동을 한다면, 운동을 하지 않는
사람들이 최소한 당신보다 수명이 짧기를 바라나요?

|

우리가 집단적으로 운동을 함으로써 칼로리 외에 다른
것들(가령 방사성 폐기물 같은 것)을 소모시킬 수 있다면
운동을 더 열심히 할까요?

|

당신이 운동을 함으로써 당신의 체중뿐 아니라
추가적으로 한 사람의 체중이 줄어들 수 있다고
한다면, 누구에게 이런 선물을 하고 싶은가요? 아니면
경매를 붙여 가장 많은 돈을 내는 사람에게 그런
혜택을 줄 건가요?

|

당신의 결혼 생활은 어떤 운동과 가장 비슷한가요?

a. 테니스

b. 단거리경주

c. 마라톤

d. 피겨스케이팅

e. 사격

|

운동 분야에서 당신이 세운 가장 최고의 기록은
무엇이었나요? 아니면 앞으로 그 기록을 경신할
거라고 생각하나요?

|

건강한 젊은 남녀가 인생의 전성기를 마치 스키를 탄
것처럼 눈 쌓인 언덕에서 얇은 판자 같은 것을 타고
깃대 사이를 빨리 통과해서 내려오려고 애쓰는 것이
무슨 의미가 있는지 말해보세요.

운동선수가 텔레비전에서 운동과 관계없는 상품을
추천하면, 가령 커피머신이나 보험을 광고하면 얼마나
신뢰가 가나요?

당신이 운동을 하는 데 가장 방해가 되는 것은
무엇인가요?

a. 땀

b. 시간을 내야 한다는 점

c. 근육통

d. 부상의 위험

e. 함께 운동을 하는 사람들

f. 무슨 운동을 하든 성과를 단박에 비교할 수 있는
   경쟁적 성격을 띤다는 점

|

성경에서는 운동이라는 말이 전혀 언급되어 있지
않은데, 그 이유는 무엇일까요?

|

어느 날 당신이 좋아하는 스포츠 해설가가 당신에게
옆에서 라이브로 해설을 해준다면 하라고 할 건가요?

|

죽음을 앞두고 인생을 되돌아보며 운동을 더 많이 해야
했다고 말하는 사람이 많을까요?

|

말

——————————————,

말 한 마디 할 때마다
돈을 낸다면, 이것이 우리의
대화의 질에 어떤 영향을
끼칠까요?

자신의 마음을 표현하는 것은 왜 그리 복잡할까요?

|

진지하게 답변하기 위해 얼마나 자주 침묵을 해야
하나요?

|

인생이 커다란 토크쇼라고 한다면, 당신은 지금까지
한 말들에 만족하나요? 후회되는 말들은 없나요?
지금까지 소리 내어 표현할 수 없었던 말들이 있나요?
있다면 어떤 말들인가요?

|

당신은 아무 할 말이 없는데, 사람들이 당신의 말을
들으려고 한다면 좋을까요?

당신의 강아지는 강아지들 사이에서 의사소통이
얼마나 능숙한가요?

전화 통화를 계속하고 싶지 않을 때 전화가 중간중간
자꾸 끊긴다거나 소리가 들리지 않는다고 핑계를
대나요? 얼마나 자주 그렇게 하나요?

아무하고도 이야기하고 싶지 않은 날들이 있나요?
심지어 자기 자신과의 대화도 힘겨운 날들이 있나요?

|

함께 시간을 보내는 사람들이 말이 많은 편이
좋은가요, 아니면 가만히 침묵하고 있는 편이
좋은가요?

|

당신이 말을 하지 않아도 표정에 감정이 다 드러난다는
게 불편한가요?

|

다른 사람들이 당신에 대해 뭔가를 생각하는 것과
말하는 것 중 무엇이 더 좋지 않은가요?
|

당신은 무엇을 비밀에 붙이고 있나요?
|

당신이 입 밖에 내지 않고 있는 말을 공개적으로
말하는 건 얼마나 위험할까요?
|

신생아가 탄생하자마자 첫 울음을 터뜨리지 않고 첫
문장을 말한다고 한다면, 세상에 나오자마자 당신은
어떤 말을 제일 먼저 하고 싶었을까요?

|

당신이 한 말 중 다른 사람들이 인용할 만한 말은
얼마나 많을까요?

|

할 말이 없을 때 아무 말도 하지 않고 있을 수 있나요?
그것을 얼마나 잘할 수 있나요?

|

성공 _____ ,

당신은 지금 이러이러하게
되어 더 행복한가요,
아니면 이러이러하지 않게
되어 더 행복한가요?

당신을 닮은 자식을 낳았다고 한다면 당신은 성공한
기분일까요?

당신이 성공을 하고 나면 압박감이 덜하겠지요? 이제
드디어 쉴 수 있으니까요. 아니면 기대치가 올라가는
바람에 압박감이 더 심해질까요?

모든 성공은 능력과 우연의 결과물이라고 할 수
있어요. 성공에서 우연이 차지하는 비율을 정확히 정할
수 있다고 할 때, 이 비율을 100퍼센트로 정하면 안
되는 이유는 무엇일까요?

행운과 불운을 누가 배분할까요? 당신이 더 높은
존재의 힘을 믿지 않는 경우, 우연은 어떤 규칙에
따라 작용할까요? 술 취한 심판 같은 우연에 복종하고
싶은가요?

|

당신이 이룬 일 중 지금도 자랑스럽게 내보이고 싶은
것은 무엇인가요?

|

서른 살에 백만장자가 되려 했는데 그 꿈을 이루기에는
이미 글렀다고 해봐요. 그렇다면 플랜 B는 무엇인가요?
또는 이미 플랜 Z에 이르렀나요? 현재 당신의 나이는
몇 살인가요?

|

늘 실망만 한다면, 왜 기대 수준을 조정하지 않나요?

|

나이 들수록 실망을 피하는 것에 더 노련해지나요?
아니면 실망을 극복하는 것에 더 노련해지나요?

|

당신이 추락한다고 해봐요. 빨리 떨어져서 호되게
부딪히고 싶은가요? 아니면 천천히 떨어져서 더
약하게 부딪히는 게 나은가요? 대신 모두가 당신이
떨어지는 모습을 지켜보고 있겠죠.

|

도덕

—————————— ,

윤리에 대한
당신의 입장은 얼마나
즉흥적인가요?

당신이 생각하기에 정의로운 세상은 어떤 모습인가요?

|

세상이 정의로워진다면 당신은 그로 인해 더 이익을
얻을까요, 아니면 손해를 볼까요?

|

당신은 평균 수준보다 훨씬 더 도덕적인 사람이 되고
싶은가요?

|

두 사람의 등반가가 있었어요. 첫 번째 등반가가
빙하 틈에 빠졌어요. 당신에게는 그를 구할 수 있는
수단들이 있었지만 돕지 않았고, 결국 그는 죽고
말았어요. 두 번째 등반가의 경우는 당신이 그 사람을
빙하 틈으로 밀어버렸고, 그 역시 얼마 안 가 죽고
말았어요. 어떤 죄가 더 클까요? 왜 그럴까요?

정의로운 순서대로 배열해보세요.

a. 대법원

b. 신

c. 권력자

d. 우연

e. 대중

f. 운명

g. 시장(market)

기술 발전에 투자하는 비용만큼 도덕적 발전에 비용을
투자한다면, 세계는 더 좋아질까요? 아니면 책만 더
많아질까요?

어떤 죄가 더 무거울까요?

a. 뭔가를 잘못한 죄

b. 뭔가를 하지 않은 죄

당신이 나치 치하의 제3제국에 살았다면 거기서
출세하려고 노력했을까요?

(물론이죠. / 아마도. / 절대로 그렇지 않아요.)

히틀러가 자라서 어떤 사람이 될지 당신이 미리
알았다면, 히틀러가 아기일 때 히틀러를 죽였을까요?

|

아기 때가 아니라면 몇 살 이후에 그를 죽였을까요?
정확한 나이를 말해보세요.

|

결정 과정에서는 의견이 달랐을지라도, 일단 공동의
결정이 내려지고 난 뒤 그 결정을 실행에 옮길 때는
끝까지 책임지는 편인가요?

|

개미 한 마리를 밟으면 양심의 가책이 밀려오나요?
그렇다면 열 마리는요? 몇 마리쯤 밟아야 꿈에
나타날까요?

당신의 가치는 어떤 가치를 기준으로 선택된
것인가요?

신

——————————,

신에게
어떤 경영 세미나를
추천하고 싶은가요?

신이 당신을 도울 수 있으려면 당신을 얼마나 잘
알아야 할까요?

당신이 최후의 심판을 받게 되었다고 해봐요. 당신은
변호인으로 누구를 세울 건가요?

a. 능력 있다고 정평이 난 변호사

b. 목사

c. 배우자

d. 자녀

e. 시어머니

f. 당신이 최근에 2천 원을 적선한 걸인

g. 반려동물

h. 아무도 세우지 않고 스스로를 변호한다.

신이 세상을 이렇게 만들어놓은 것에 대해 어떻게
생각하나요?

신은 하루 일과를 보낼 때 우선순위를 어떤 기준으로
둘까요?

신은 지속되는 압박을 어떻게 견딜까요?

당신은 종종 신과의 거래를 통해 당신의 운명에 영향을 주고자 하나요? 얼마나 자주 그렇게 하나요? (가령 "내가 이번에 승진하면 월급 인상액의 10퍼센트를 최빈국 아동들을 돕는 데 기부하겠습니다."라고 하는 거죠.)

당신은 신과의 거래에서 약속한 내용을 실제로 이행하나요? 얼마나 자주 그렇게 하나요?

신은 자신의 의도가 빗나간 일들에 대해 사람들에게 왜 터놓고 이야기하지 않을까요?

정체성

———————————————— ,

당신의 자서전을
어떤 문장으로
끝맺고 싶은가요?

당신이 자녀에게 물려준 성격 중 어떤 성격이
부정적으로 작용하나요?

|

그런 성격을 물려준 것 때문에 죄책감이 드나요?

|

인간의 어떤 점이 가장 매력적이라고 생각하나요?

|

누군가 당신의 눈을 똑바로 쳐다보는 경우 시선을
피하기까지 당신은 얼마나 견딜 수 있나요?
눈싸움에서 누가 이기나요?

|

다음 알약 중에서 꼭 한 가지를 복용해야 한다면,
당신은 어떤 약을 복용할 건가요?

a. 불운을 막아주는 약(부작용: 친구들이 등지고 떠난다.)

b. 지능지수를 높여주는 약(부작용: 즉흥성이 감소한다.)

c. 노화를 막아주는 약(부작용: 목표가 없어진다.)

d. 마음의 평화를 주는 약(부작용: 외부의 전쟁에
   휘말린다.)

e. 늘 삶의 기쁨을 느끼게 하는 약(부작용: 장기 실업
   상태)

f. 몇 년간 내리 잘 수 있는 약(부작용: 악몽을 꾼다.)

g. 부작용 없는 플라시보 약

|

당신과 모든 면에서 정반대인 사람을 만난다고 해봐요.
그 만남을 위해 어떤 준비를 할 수 있을까요?

|

그런 만남이 의미 있을 거라고 생각하나요?

|

당신의 삶을 변화시키고 싶나요? 그렇다면 어떤
이유에서인가요?

a. 기존의 삶이 싫증 나서
b. 새로운 삶이 주는 전망 때문에

|

화가 나는데 뭔가 행동으로 옮기지 않은 상태에서 화를
얼마나 많이 참을 수 있나요?

다른 사람과 비교하는 것을 포기한 시점이
언제인가요? 아니면 아직도 여전히 비교를 하고
있나요?

다음 중 어떤 경우가 더 잦은가요?
a. 자신을 의심하지 않기 위해 다른 사람들을
   의심한다.
b. 다른 사람들을 의심하지 않기 위해 자기 자신을
   의심한다.

'이름 모를 군인'을 기념하기 위한 묘비가 있는 것처럼
당신이 사는 도시 중심부 광장에 '평범한 인간'을
기리는 거대한 동상을 건립한다고 해봐요. 사람들이
당신에게 이런 기념 동상의 모델이 되어달라고
부탁하면 수락할 건가요?

생각

─────────────────── ,

아무 생각도 하지 않을 수
있나요?

주중에 몇 번이나 운동을 하나요? 생각 같은 힘든
활동은 몇 번이나 하나요?

|

한 가지 생각을 깊게 하고 싶은가요, 아니면 기발한
생각을 하고 싶은가요?

|

결정하는 순간 잘못된 결정이라는 것을 알았음에도
그냥 결정해버린 것이 있나요?

|

당신은 스스로 어리석다는 것을 아는 사람들을
어떻게 대하나요? 또 어리석다는 것을 알기에는 너무
어리석은 사람들에게는 어떻게 대하나요?

|

당신은 자신의 생각에 얼마나 호의적인 편인가요?

|

여성의 의견만을 신뢰할 수 있는 분야가 있나요? 어떤
분야들인가요?

|

자유의지의 어떤 점이 마음에 드나요?

|

자유의지는 없고 우리의 모든 생각과 행동은 두뇌 속
화학작용으로 빚어진다는 견해가 옳다고 생각하나요?
그렇지 않다고 생각한다면 그 이유는 무엇인가요?
만약 이런 견해가 옳다면, 그럼에도 살인자에게 유죄를
선고할 수 있을까요?

|

당신이 다니는 슈퍼마켓에는 요구르트가 몇 종류나
있나요? 당신이 결정 장애에 빠지려면 요구르트는 몇
종류가 있어야 할까요?

|

당신이 일생 동안 어떤 확신을 부여잡고 살았는데 죽기
직전에야 그것이 틀렸다는 사실이 드러났다고 해봐요.
사람들이 당신에게 마지막 순간에 그 사실을 알려주는
게 좋을까요? 아니면 끝까지 모른 채 잘못된 믿음을
가지고 세상을 떠나는 게 좋을까요?

생각하고 있노라고 하면서 생각하지 않는 사람은
거짓말을 하는 것일까요?

어떤 생각을 제기한 사람이 좋아서 그 생각도 좋아하는
경우가 있나요?

좋은 생각인데도 지긋지긋한 생각들이 있나요?

|

어떤 문제를 이성적으로 결정할지, 직관적으로
결정할지를 직관적으로 결정하나요, 아니면
이성적으로 결정하나요?

|

친구

——————————— ,

당신은 비축해놓은
친구가 얼마나 많은가요?

당신은 당신의 가장 친한 친구의 가장 친한
친구인가요?

|

유익을 주는 순서대로 친구들을 분류해보세요. 가장
유익을 주는 친구를 1번으로 했을 때, 당신의 가장 친한
친구(절친)는 어디쯤에 있나요?

|

당신의 친구 중에 동물도 포함되어 있나요?

|

당신은 누구에게 '진실하지 않은' 친구인가요?

진실하지 않은 친구가 진실한 친구로 발전하는 경우는
얼마나 많은가요? 당신의 인생 가운데 이런 관계는
얼마나 많이 변했나요?

친구들이 사회적으로 출세할 때 어느 정도까지
부러워하지 않고 기꺼이 축하해줄 수 있나요?
친구들의 사회적 추락은 어느 정도까지 기꺼이 봐줄 수
있을까요?

누군가를 친구라고 소개할 때 이런 말은 상대와의
관계를 더 강화시키나요? 아니면 더 약화시키나요?

|

오랜 친구가 당신을 찾아오겠다는데 만나기 싫을 때
가장 즐겨 대는 핑계는 무엇인가요? 아니면 친구의
방문을 허락하고 나쁜 날씨를 견디듯 그 시간을 견디는
편인가요?

|

우정이 깨진 경우, 그것을 복구하려고 노력하는 것이
보람 있을까요? 아니면 새로운 우정을 만드는 것이 더
효율적일까요?

|

교양
—————————————— ,

**많이 배우면
행복해질까요?**

더 많은 사람들이 대학을 다니면 사회는 더 현명하게
돌아갈까요?

|

아니면 최소한 좀 더 나은 사회가 될까요?

|

당신이 쌓은 교양을 넘겨줄 수 있다면 누구에게 주고
싶은가요?

|

당신에게 교양은 어떤 것을 의미하나요?(아니라고 생각하는 것에 체크해보세요.)

a. 전쟁이 일어났던 연도들을 줄줄이 외우는 것

b. 책으로 가득 찬 서가

c. 모든 사람, 모든 것에 대해 자신의 소견을 가지고 있는 것

d. 오페라와 클래식 음악회에 가는 것

e. 유명인들의 말이나 글을 인용하는 것

f. 연관이 없는 곳에서 연관을 끄집어내는 것

g. 고인 중에 본보기로 삼는 사람들이 있는 것

h. 문장을 복잡하고 길게 말하는 것

i. 외국어 능력

j. 뚜렷한 동기가 없는 염세주의

k. 횔덜린의 시를 거침없이 외우는 것

l. 늦은 밤의 토크쇼를 보며 잠을 청하는 것

m. 순환적인 세계관, 즉 모든 것이 돌고 돈다고 확신하는 것

n. 무엇이 옳은지 안다고 믿는 것

o. 모든 것에 의문을 가지는 것

p. 스스로에게 의문을 가지는 것

q. 손으로 하는 일에 서툰 것

r. 신문을 읽을 때 스포츠 면을 건너뛰는 것

s. 중요하지 않은 생각들에 골몰하는 것

t. 어설프게 아는 것이 잡다하게 많은 것

u. 모든 질문에 "~이기도 하지만 ~이기도 하지요."라고 대답하는 것

v. 자신의 평범함을 인식하는 것

|

이 중 그 무엇도 진정한 교양이 아니라면, 진정한 교양은 무엇일까요?

|

더 많은 지식을 쌓고 싶은가요, 아니면 이미 쌓은 것을
좀 내어주고 싶은가요?

　|

모든 사람들이 교육을 받고 지성을 갖추면 세상이 더
좋아질까요? 아니면 많이 배우지 못하고 교양 없는
사람들이 있어야 (가령 아직 기계화되지 않은 단순노동을
담당할 사람들이 필요하니까) 세상이 더 좋아질까요?

　|

전쟁 중에는 교양이 어떤 모습으로 드러날까요?

　|

지난 몇백 년간의 철학적 업적을 고려할 때, 우리
사회에는 계속 철학자들이 필요할까요?

|

군이 설명을 듣지 않아도 쉽게 이해되는 것들이
있나요? 어떤 것들인가요?

|

깨끗이 잊는 법을 어떻게 배울 수 있을까요?

|

양심

─────────────────── ,

당신의 양심은
아직 깨끗한가요, 아니면
이미 낡았나요?

여태까지 살아오면서 다른 사람들에게 가한 모든
상처들, 비열한 짓, 아픈 말, 속이는 말 등 한마디로
당신의 모든 감정적인 부채를 돈으로 청산할 수
있다고 해봐요. 이를 청산하기 위해 얼마나 많은 돈이
필요할까요?

당신이 양심에 호소하는 경우보다 양심이 당신에게
호소하는 경우가 더 많나요?

양심이 걸어오는 모든 전화를 처리하려면 콜센터의
규모는 얼마나 커야 할까요?

당신의 양심은 친구에 가까운가요, 적에 가까운가요?

|

양심이 수행하는 임무는 당신에게 얼마나 많은 가치가
있나요? 양심의 일을 아웃소싱한다면 비용이 얼마나
들까요?

|

신뢰성을 잃지 않으려면 얼마나 자주 침묵을 지켜야
할까요?

|

행동력을 잃지 않으려면 최대 어느 정도의 양심이
필요할까요?

|

하나의 커다란 양심의 가책, 또는 많지만 자잘한
양심의 가책 중 무엇이 더 나을까요?

|

아주 깨끗한 양심을 가진 사람에게 당신은 얼마나
호감을 느끼나요?

|

자기 자신 혹은 타인 중 누구를 더 빨리 용서하는
편인가요?

|

당신이 다른 사람에게 야기한 고통을 제3자나 신이
용서할 수 있다는 것을 어떻게 납득할 수 있을까요?
당신은 가해자의 입장에서나 피해자의 입장에서
그것이 공평하다고 생각하나요?

|

당신이 딱 한 번 이런 제3자의 역할을 맡을 수 있다면,
당신은 어떤 죄를 용서해주고 싶은가요?

|

자연은 양심을 가지고 있을까요?

소 같은 동물은 내적 갈등이 없을 텐데, 우리는 왜
그렇게 될 수 없는 걸까요?

사랑

————————————— ,

사랑의 진정성을
증명해주는 공인인증서가
있으면 좋을까요?

당신은 사랑의 순수 소비자인가요, 아니면 순수
생산자인가요?

|

주는 사랑보다 받는 사랑이 더 많은 경우, 이런 이유로
스스로를 승리자라고 일컬을 수 있을까요?

|

세상이 정의롭다면 당신은 사랑을 얼마나 많이 받을 수
있을까요? 지금보다 더 많이? 아니면 더 적게?

|

낭만적인 데이트를 하기로 약속했는데 당신이 상대를
사랑하지 않는다는 사실을 깨달았어요. 자, 그 사실을
어느 때 말할 건가요?

a. 식전주를 한 모금 마시고 나서

b. 애피타이저를 먹고 나서

c. 메인 요리를 먹고 나서

d. 디저트를 먹고 나서

e. 첫 섹스를 한 뒤

f. 헤어질 때

|

당신이 신이라면 사랑을 고안했을까요?

|

강렬한 사랑 대신 오래가는 사랑이 더 낫다고 생각한
적 있나요?

사랑이 좋지 않은 이유는 무엇일까요? 사랑에
반대하는 이유 세 가지를 말해보세요.

사랑하는 사람이 되고 싶은가요, 사랑받는 사람이 되고
싶은가요?

상대를 결코 소유하지 않으려면 어떤 식으로 사랑을
해야 할까요?

당신에게 사랑은 재생 가능한 자원인가요?

한때 사랑했던 사람을 예기치 않게 다시 만날 때 어떤
감정이 드나요? 구체적으로 묘사해보세요.

사랑이 활활 타오르다가 꺼져버렸다면 남은 재를
어떻게 처리하나요? 그것이 오염 물질로 여겨질까요?

상대가 이런 재를 다시금 타오르게 할 수 있기를
바라나요? 아니면 그러기를 바라지 않나요?

사랑받기 위해 해서는 안 되는 행동에는 무엇이
있을까요?

감정

———————————————,

어떤 감정이
당신의 감정이 옳다,
혹은 그르다고 말을 하나요?

감정을 다루는 능력이 부럽다고 여겨지는 사람들이
있나요?

|

감정의 본거지는 어디일까요?
a. 배
b. 가슴
c. 머리

|

인간은 3천 년 전부터 영혼에 대해 이야기해왔어요.
그런데 과학에서는 원자핵보다 1천 배는 작은
소립자를 발견했으면서 아직까지 영혼을 발견하지
못했다는 사실을 어떻게 생각하나요?

|

감정 색인을 만든다면 어떤 감정들을 수록해야
할까요?

|

100년 뒤 현대의 하이테크 기술을 투입하여 완전히
고통 없는, 환희로 가득한 인생을 만들 수 있다고
해봐요. 이때 '인간적인 면모'를 유지하기 위해
인공적으로 약간의 고통을 집어넣는 것이 좋을까요?

|

당신을 처음 만난 사람들은 당신에게서 어떤 느낌을
받나요?

|

당신은 감정을 다루는 방법을 누구에게 배웠나요?
혹은 아직도 이 부분에서 스승을 찾고 있나요?

당신은 동정심을 얼마나 많이 가지고 싶은가요?
100퍼센트(당신이 어떤 일을 겪은 상대와 똑같은 감정을
느끼는 경우)와 0퍼센트(상대가 좋지 않은 일을 당해도
아무런 느낌이 없는 경우) 사이에서 이상적인 퍼센트를
제시해보세요. 상대방에게 몇 퍼센트의 동정심을
기대하나요?

동정심이 많은 사람이 더 좋은 사람일까요?

즉흥적인 열광에 휩쓸리지 않고 덤덤한 편인가요?
얼마나 그런 편인가요?

|

당신과 당신의 연인 또는 배우자 중에 누가 감정을
더욱 잘 숨길 수 있나요?

|

감정을 내보이는 것이 도움이 될 때는 언제인가요?

|

있지도 않은 감정을 과시하는 것이 도움이 될 때는
언제인가요?

|

감정 관리를 스스로 하지 않고 전문가들에게 맡긴다면
얼마나 더 좋아질까요?

|

일

——————————,

무엇인가를 말하는 것과
침묵하는 것 중
어느 것이 당신에게
도움이 될까요?

당신의 공중누각을 경영하고 유지하기 위해서는
얼마나 많은 직원들이 필요한가요?

누가 누구에게 더 많이 배우나요?

a. 당신이 상사에게서

b. 상사가 당신에게서

c. 어느 쪽이든 아무것도 배울 수 없다.

당신의 상사는 위의 질문에 뭐라고 대답할까요?

삶의 효율성을 증가시키는 방법들을 의식적으로
활용하고 있나요? 효율성을 증가시키는 것들 중
의식적으로 활용하지 않는 것들은 무엇인가요?

|

동료 직원이 일을 하며 기분이 상했다는 식의 표현을
하면 당신 편에서도 왠지 동조해야 할 것 같은
의무감을 느끼나요?

|

당신 가정의 분위기와 비교할 때 당신의 일터의
분위기는 얼마나 좋은가요?

|

책임을 지는 것이 많이 힘든가요? 다음 주에 어깨가 무거운 기업 수뇌부로 일할 수도 있고, 엄마 배 속에서 편안하게 노니는 태아로 보낼 수도 있다면, 어느 쪽을 선택할 건가요?

당신은 협상에서 어떤 목표를 추구하나요?

a. 이득을 보는 것

b. 상대로 하여금 이득을 봤다고 믿게 만드는 것

c. 상대로 하여금 그가 당신이 이득을 봤다고 믿게 만들었다고 믿게 만드는 것

d. 타협

e. 결과에 무관한 사회적 상호작용

f   협상에 참여한다는 사실을 통한 사회적 신분 확인

당신의 직장에서 권력은 어떤 문제를 발생시키나요?

|

당신 마음속의 게으름뱅이를 당신은 어느 정도로
방해하고 있나요?

|

진로를 놓고 고민하거나, 또는 직원 채용을 놓고
이러지도 저러지도 못할 때, 당신은 왜 동전던지기로
결정하지 않나요?

|

누가 가장 최상의 결정을 내릴 수 있을까요? 결정력이 좋은 순서대로 배열해보세요.

a. 의사
b. 정치인
c. 경영인
d. 자연적 진화
e. 우연
f. 최후의 심판

실패

_____ ,

당신의 실패 중
얼마나 많은 것이
진짜 불행한 결과를
초래했나요?

끝이 나쁜 것과 시작이 나쁜 것 중 어느 것이 더
나을까요?

|

아내의 생일 선물로 짝퉁 루이비통 가방을 선물하는
건 '인간으로서 실수하는 일'인가요? 그렇지 않다고요?
그렇다면 '인간으로서 실수하는 일'이라 일컬을 수
있는 일에는 무엇이 있을까요?

|

어떤 일이 잘 안 될 때 그 일은 당신이 예상했던 식으로
빗나가버리나요? 아니면 상상하지 못했던 방식으로
빗나가버리나요? 어느 편이 더 나은가요?

|

살아오면서 저질렀던 커다란 실수들을 생각해볼 때,
그중 감정 조절을 못하고 폭발시킨 데서 비롯된 실수는
어떤 것들인가요? 반대로 감정을 너무 억누른 탓에
빚어진 실수들은 어떤 것인가요?

다음 중 무엇이 더 나을까요?

a. 살면서 어느 정도 금전적인 성공을 거두었지만,
   죽은 뒤에 아무도 당신을 기억해주지 않는 것
b. 살면서 경제적으로 성공을 하지 못했지만, 죽은
   뒤에 당신의 작품과 생각이 길이길이 남고,
   사람들이 그것에 돈을 지불하는 것

왜 그 편이 더 낫다고 생각하나요?

|

현재의 직업적 위치가 아니라면 당신은 이 사회에서
어떤 대접을 받고 살까요? 직업과 무관하게 사람들이
당신을 식사에 초대하는 일이 어느 정도로 많을까요?

|

지금의 실수가 과거에는 영향을 못 끼치고 미래에만
영향을 끼칠 수 있어서 다행인가요? 남은 수명이 계속
줄어들고 있는 걸 생각하면 정말 다행이다 싶은가요?

|

당신은 일어날 수 있는 실수들은 모두 해보았기 때문에
실수를 그냥 반복할 뿐인 상태에 이르기를 원하나요?
아니면 인생을 살아가면서 계속해서 새로운 실수를
저지르고 싶은가요?

|

당신이 행복하긴 하지만 성공은 하지 못한 사람이라는
것을 어느 순간 깨달았다고 해봐요. 이런 깨달음이
당신의 행복의 정도를 감소시킬까요, 아니면 더욱
배가시킬까요?

|

당신이 살아 있다는 사실 자체를 이미 성공으로
생각하나요?

죽음
—————————————— ,

당신 장례식 때
낭독될 조사는
얼마나 진실에 부합된
것이라야 할까요?

환생할 위험이 어느 정도 높다고 보나요?

|

세상을 떠나는 시점에 듣고 싶은 음악이 있나요?
있다면 어떤 음악인가요? 아니면 심박동 모니터가
삐― 소리를 내며 당신이 죽을 때라는 사실을 알려주는
걸로 충분한가요?

|

당신이 신이라면 굳이 죽음을 만들어냈을까요?

|

당신이 1년간 사람들의 수명을 좌지우지할 수 있다고
한다면, 당신은 어떤 기준으로 그 일을 처리할까요?

a. 주사위를 던져서 무작위로

b. 도덕적으로 숙고하여(착한 사람들이 더 오래 살게
   한다.)

c. 태업한다(1년간 아무도 죽지 않는다.).

d. 상대가 얼마나 간절하게 부탁하느냐에 따라

e. 위험에 처했을 때의 희생정신에 입각해서

f. 보험회사에서 작성한 자료에 따라 각각의 수명을
   엄격히 고려해서

당신이 죽을 때 사인이 무엇일 거라 생각하나요?

당신의 사인을 미리 알고 싶은가요?

|

당신이 죽기 직전에 사람들이 당신에게 죽음이
폐지되었다는 소식을 들려줘요. 당신은 어떻게
반응할까요? 구체적인 말이나 제스처로 표현해보세요.

|

당신 신체를 구성했던 많은 원자들이 당신이 죽고
난 뒤 벌레, 곤충, 박테리아의 구성 성분이 될 거라고
생각하면 꺼림칙한가요?

|

완벽한 죽음을 원하나요? 아니면 최소한 이야기로라도
계속 이 세상에 남고 싶은가요?

|

당신이 죽은 뒤에도 당신의 모습이 담긴 다수의 사진과
필름이 인터넷에 계속 남게 될 거라는 사실, 그리하여
당신이 결코 깨끗이 사라질 수 없다는 사실을 생각하면
기쁜가요? 아니면 마음이 불편한가요?

|

내세에서 어느 정도의 고객 서비스가 이루어지기를
기대하나요?

|

"여기 나의 유골이 묻혀 있다. 이곳에 묻힌 것이 그대의 유골이길 바랐는데." 작가 칼 율리우스 베버는 자신의 묘비명으로 이런 문장을 선택했어요. 당신이 묘비명으로 뭔가 위트 있는 말을 골라야 한다면 어떤 문구를 넣고 싶은가요?

|

막 세상을 떠난 고인에게 이야기를 해본 적이 있나요? 살아 있을 때 그에게 하지 못하고 죽은 다음에야 그에게 할 수 있었던 말은 무엇이었나요?

|

우주
_____,

당신이 현재 사는 곳에서
별이 빛나는 하늘이
보이나요?

이 지상에서 누리는 행복을 우주에 수출할 수 있다고
해봐요. 그것이 적절한 수출 품목이 될까요?

외계 문명이 우리의 텔레비전 프로그램을 수신할 수
있다고 상상해봐요. 창피한 마음이 드나요?

우주가 당신에게 무엇인가를 해주어야 한다고
생각하나요? 그렇다면 그것은 무엇일까요?

달이 지하자원으로 가득하고 그것을 채굴하는 것은
단지 시간문제일 따름이라고 할 때, 달의 영토를
어떻게 분할할 수 있을까요?

a. 각국 면적에 비례하여

b. 각국 인구에 비례하여

c. 각국의 국민총생산에 비례하여

d. 유엔이 모두 관할한다.

e. 모든 사람이 1평방미터씩 소유하고 나머지는
   분할하지 않는다.

f. 복권을 통해

g. 전쟁을 통해

|

앞 질문에 이어, 우주는 어떻게 분할할까요?

|

밤하늘에 보이는 아름다운 별들 중 지금은 더 이상
존재하지 않는 것들이 많다는 사실을 생각하면 마음이
좋지 않은가요?

|

우주가 수십억 년 전 어마어마한 빅뱅을 통해
탄생했다는 가설이 마음이 드나요?

|

우주가 붕괴하기 전에 질병에 걸릴 거라고
생각하나요?

|

세계가 존재하지 않는 것보다 존재하는 것이 좋은
이유를 대보세요.

|

신이 왜 세상을 만들었다고 생각하나요?

|

세상을 만든 존재가 다시금 세상을 없애버릴 수도
있다고 생각하나요? 아니면 세상을 없애려면 창조한
힘과 상반되는 다른 힘이 필요하다고 생각하나요?

|

'대형 금융회사는 영원히 망하지 않는다.'고 믿는 사람들이 있어요. 이 말처럼 우주도 너무 커서 망하지 않을까요? 그렇지 않다면 앞으로 어떻게 될까요?

생각의 세계

―――――――――――――――― ,

당신의 속마음 뒤에는
어떤 속마음이
감추어져 있나요?

내면의 눈을 감아버릴 수 없어서 힘이 드나요?

|

내면의 소리에 귀를 기울이면 종종 토크쇼에 앉아 있는
느낌이 드나요? 얼마나 자주 그렇게 느끼나요?

|

속마음이 전면으로 밀고 올라오는 걸 어떻게 막나요?

|

신에게도 속마음이 있을까요?

|

생각이 얼마나 깊어야 바닥을 치고 다시 올라올까요?

|

당신이 매우 개방적인 사고의 소유자라면, 그것이
선물을 받은 것인가요, 아니면 당신이 적극적으로 취한
것인가요? 당신 스스로 취한 것인 경우, 누구에게서
그런 사고를 받아들였나요?

|

생각이 너무나 자유로워서 더 이상 조절할 수 없을
정도가 될까 봐 걱정스러운가요?

|

생각과 돈 중에서 어떤 것이 당신에게 더 중요한가요?

|

당신의 생각 중 얼마나 많은 것이 당신이 그것을
생각하기 전에 이미 있었던 것인가요?

|

두뇌의 소프트웨어를 업그레이드할 수 있다고 한다면,
어떤 부가 기능을 원하나요?

|

기억이 또 다른 기억을 불러오고, 그 기억이 또 다른
기억을 불러와요. 이런 과정을 지속한다면 마지막에
어떤 기억에 도달하게 될까요?

|

당신의 사고는 얼마나 열려 있나요? 그것을
현실적으로 평가할 수 있을 만큼 열려 있나요?

|

당신의 자유의지를 입증된 능력자에게 양도할 수
있다면, 그렇게 할 건가요?

|

오늘날의 세계와 모든 면에서 정반대인 세계가 있다면,
그런 세계는 오늘날의 세계보다 더 좋을 것 같나요,
아니면 더 나쁠 것 같나요?

|

당신이 상상 속에서 경험한 일들은 얼마나
중요한가요?

|

선과 악

─────────────────── ,

도덕은 누구에게
유익이 될까요?

재능과 성격 중 당신은 어떤 것으로 인해 더 많은
유익을 얻나요?

|

당신이 도덕적인 면을 아웃소싱할 수 있다면 당신의
삶은 얼마나 더 유쾌해질까요?

|

자신에게는 최소한의 유익도 없이, 즉 뭔가 선한 일을
했다는 기분 좋은 느낌도 없이, 오로지 다른 사람을
위해서만 한 일들이 있나요?

|

당신의 양심이 얼마나 망가져야 정비소로 데려갈 수
있을까요?

|

모두의 양심이 깨끗해도 경제가 발전할 수 있을까요?
아니면 그것 자체가 이미 발전일까요?

|

도덕과 법 중 더 기분 좋은 대상은 무엇인가요?

|

잘못된 거라고 생각하면서도 지키는 법이 있나요?
어떤 것들인가요?

|

왜 그 법들을 지키나요?

|

자신에게 필요 없는 물건을 다른 사람에게 선물한다면,
그것은 쓰레기 처리일까요, 아니면 선행일까요?

|

당신은 다음 인간 유형 중 어떤 유형에 가장 호감이
느껴지나요?

a. 말은 번지르르한데 행동이 따라주지 않는 사람

b. 말은 싹수없이 하는데 행동을 보면 괜찮다고
   여겨지는 사람

c. 말도 그럴듯하게 하고 행동도 그럴듯한 사람

d. 말도 싹수가 없고 행동도 엉망인 사람

e. 말 같은 건 하지 않는 사람

f. 행동만 하는 사람

|

당신이 악당도 아니고 착한 사람도 아닌 어정쩡한
상태에 있다는 사실이 괴로운가요?

|

당신의 양심은 객관적인가요?

|

왜 세상에는 악이 존재하는 걸까요? 우리가 너무 아는
것이 적어서 그런 걸까요, 아니면 너무 아는 것이
많아서 그런 걸까요?

|

가톨릭에서 시행하는 고해성사가 정말로 효력을
발휘한다고 해봐요. 이런 서비스를 어느 정도의 가격에
시행하라고 교회에 조언할 수 있을까요? 단체 할인도
가능할까요?

|

자연
——————————,

가장 염려스러운
자연법칙은 무엇인가요?

같은 인간을 제외하고 우리에게 천적이 없다는 사실이
안심이 되나요?

|

지금 당장 환경 분담금을 지불할 경우, 남은 인생에
쓰레기 분리수거를 하지 않아도, 신호등에 걸렸을
때 엔진 공회전을 해도, 비닐 포장지를 그냥 버려도
양심의 가책을 느끼지 않을 수 있다고 한다면 지불할
용의가 있나요? 얼마를 지불할 용의가 있나요?

|

사계절 외에 또 하나의 계절, 즉 다섯 번째 계절을
만들어낼 수 있다고 해봐요. 이 계절이 어떤 성격을
띠도록 디자인할 건가요?

|

우리은하가 우주의 가장자리에서 우주의 중심을 돌고 있다는 사실은 알면서, 호주머니에 손을 넣은 채 우리 앞에 서 있는 인간의 마음 하나 이해하지 못하는 것을 어떻게 설명할 수 있을까요? 상황이 반대가 되면 좋을까요?

|

아름다운 경치를 보며 인간의 손으로 한 것이 별로 없다는 생각에 약간 숙연해지나요?

|

자연과 문명 중 누가 더 문제를 빨리 해결하나요? 누가 더 근본적으로 해결하나요? 누가 더 무자비하게 해결하나요?

|

자연이 약해 보이지만 사실은 그렇지 않다는 것을
무엇으로 알 수 있나요?

|

구석진 곳에 거미가 거미줄을 치고 있는 걸 보면
떼어내나요? 떼어내면서 거미를 죽이나요, 아니면
죽이지는 않고 그냥 밖으로 던져버리나요? 그냥
밖으로 던져버리는 경우, 동정심에서인가요, 단지
죽이는 것이 징그러워서인가요? 죽이는 경우, 그 편이
편해서인가요, 아니면 사디즘 때문인가요?

|

노아가 방주에 동물들만 태우고, 자신과 가족들은 물에
빠져 죽었다면 세계는 오늘날 더 좋아졌을까요?

|

커리어
———————————— ,

커리어가
고공 행진을 할 때
어디쯤에서 브레이크를
걸어주어야 할까요?

정점에 오른 커리어가 진정한 삶을 보지 못하게 가린
지 오래인가요?

|

체면을 잃어본 일이 있나요? 아니면 어차피 마스크를
쓰고 있어서 상관이 없었나요?

|

커리어를 반대 방향으로 틀었더라면 더 좋았을 것 같은
사람을 본 적이 있나요?

|

높이 날던 사람(남보다 잘난 사람)이 속도를 줄이려면 어떻게 해야 할까요?

|

당신 자신보다 당신 인생에 더 걸림돌이 된 사람이 또 있나요?

|

저세상에서도 사회적으로 출세할 수 있을까요? 그것은 당신에게 얼마나 중요한 일일까요?

|

당신은 사람들 앞에 서면 원래의 자기 자신보다
에너지가 넘치는 것처럼 행동하나요?

|

착상이 떠오를 때마다 세금을 내야 한다면, 당신의
창조성은 더 떨어질까요?

|

권력의 그물에서 빠져나가려면 스스로를 얼마나 작게
만들어야 할까요?

|

다음 중 당신이 가장 열심히 정리해놓은 곳은
어디인가요?

a. 부엌

b. 책상 위

c. 컴퓨터

d. 머릿속

e. 감정
|

해고를 둘러싼 대화는 평균적으로 얼마나 오래
걸리나요?

a. 당신이 해고당하는 경우

b. 당신이 해고하는 경우
|

직장을 떠날 때뿐 아니라 이 세상을 떠날 때도
공식적인 대화가 있어야 한다고 생각하나요?
그렇다면 이 대화에서 빠져서는 안 되는 부분은 어떤
것들일까요?

삶과 죽음

―――――――――――,

당신이 세상을 떠난 뒤
사람들이 얼마나 오래
당신을 기억하고
당신 이야기를 할까요?

지금까지 당신이 자살하지 않게 막아준 것은
무엇인가요?

a. 동네 친구들과의 수다

b. 사랑하는 사람들

c. 자연사할 때까지 누릴 것으로 기대되는 행복의 양,
   즉 이성적인 손익계산

d. 신의 음성

e. 책상 위에 있는 자녀들의 사진

f. 자연의 아름다움

g. 어떤 방법으로 자살에 착수해야 할지 잘 몰라서

h. 시

i. 남기고 갈 이별의 편지를 아직 탈고하지 못해서

당신의 반려동물은 당신의 죽음을 어떻게 극복할까요?

임종 자리에서까지 비난을 들을 수도 있다고
생각하나요? 그렇지 않다면, 누군가의 죽음을 앞두고
며칠, 몇 달, 혹은 몇 년 동안 비난을 삼가야 할까요?

|

죽은 자는 누구에게 속할까요?

a. 가족

b. 상속자

c. 신

d. 묘지 소유주

e. 국가

f. 인류

g. 우주

h. 벌레들

|

죽음이 다가왔을 때 주변 사람들에게 당신이 곧 세상을
떠날 거라는 소식을 어떤 문장으로 전할 수 있을까요?
구체적인 말로 표현해보세요.

죽음이 존재하지 않는다 해도 모든 일에 물린 나머지
죽음 비스름한 걸 바라게 될까요?

죽은 사람이 남겨놓은 빈자리를 어떻게 채우나요?
그리고 새로 태어나는 사람이 채우게 될 자리는 어떻게
마련하나요?

글자와 말

————————— ,

행간의 내용들까지
전부 보관된 도서관은
어디에 있을까요?

인쇄된 종이 대신 차라리 나무로 남아 있었으면 더
좋았을 책들은 얼마나 많을까요?

지겨운 책의 경우 당신은 몇 쪽 정도를 읽다가
내팽개치나요? 10쪽? 20쪽?

빨리 읽는 것과 정확히 읽는 것 중 어느 편을 더
선호하나요?

책을 읽다가 한 챕터를 건너뛰는 경우 저자에게 못할
짓을 하는 것처럼 느껴지나요?

_

학교에서 필독서로 정해줬던 책들 중 나중에
자발적으로 읽은 책들은 얼마나 되나요?

_

당신의 마음결을 가다듬어주는 문장들이 있나요? 그로
인해 살 수 있다는 마음의 문장들?

_

다음 중 어떤 사람들이 더 호감이 가나요? 그 이유는
무엇인가요?

a. 말을 전략적으로 활용하는 사람들
b. 감정을 전략적으로 활용하는 사람들

|

단지 아무 말이라도 하기 위해 누군가에게 질문을
던지는 적이 얼마나 많은가요?

|

모든 사람이 생애 동안에 한정된 수의 단어만 말할
수 있다고 해봐요. 허락된 수가 다 차면 그다음부터는
침묵하고 있어야 한다고요. 이것이 당신의 대화의
수준에 어떤 영향을 끼칠까요?

|

자녀
———————————— ,

당신에게 자녀가 있다면,
자녀가 없는 사람들을
부러워하나요,
안됐다고 생각하나요?

강아지 대신 자녀를 기르는 것도 좋은 대안일까요?

|

당신에게 자녀가 있다면, 왜 자녀를 두었나요?

a. 홀로 되면 외로울까 봐

b. 배우자의 뜻 내지 배우자의 생물학적 욕구 때문에

c. 늘그막에 컴퓨터를 잘 못할 때 도움을 받기 위해

d. 국가에서 주는 자녀 양육 보조금이나 세금 혜택
   때문에

e. 사람들 말마따나 자녀가 삶의 의미가 되니까

f. 남들 다 낳으니까

g. 친한 친구들도 자녀가 있고, 자녀가 없으면 그
   친구들이랑 멀어질 테니까

h. 다시금 약간 어린애 같아지고 싶어서

i. 나중에 손자를 보려고

|

자녀를 여럿 둔 경우, 그들 모두를 똑같이 사랑한다고
확신하나요?

|

갓난아이를 키우는 것이 구체적으로 무슨 유익이
있나요?

|

자녀들에게 역할 모델이 되어주는 일을
아웃소싱한다면 얼마를 지불할 마음이 있나요?

|

자녀 덕분에 사회적으로 특권을 누리거나 존경을 받고
있나요? 어느 정도로요?

|

당신의 부모가 피임하지 않은 것에 대해 감사한 적이
있나요?

|

당신의 자녀들이 당신의 나쁜 성격을 물려받지 않도록
하려면 어떻게 해야 할까요?

|

자녀는 누구에게 속한 것인가요?

a. 부모(엄마, 아빠 모두 동등하게)

b. 우주

c. 국가

d. 사회

e. 신

f. 자기 자신

|

당신이 정한 규정 중 자녀들이 아직 납득하지 못한
것은 어느 것인가요?

|

자녀들이 정한 규정 중 당신이 아직 납득하지 못한
것은 어느 것인가요?

|

당신이 아돌프 히틀러의 엄마라면, 그럼에도 히틀러를
사랑했을까요?

|

"키운 보람이 있네."라고 말할 수 있으려면 노년에
자녀들이 당신을 얼마나 헌신적으로 돌보아주어야
할까요?

|

당신은 누구인가요?
──────────── ,

당신이 아직
쓰여지지 않은 백지라면,
누가 이 종이에 써야 할까요?
당신? 혹은 다른 사람들?

당신에 대한 설명서에 빠져서는 안 되는 내용은
무엇인가요?

|

아기 적 자신의 사진을 보면 마음에 드나요? 현재의
사진은 마음이 드나요?

|

태어나던 때를 기억할 수 있다면 좋을까요?

|

어릴 적 누가 당신에게 상처를 주었나요?

자기 자신을 알아가다 보면 나중에 실망하게 될지도
모른다는 마음의 준비를 하고 있나요?

뭔가를 할 때, 갈채를 기대하지 않고 할 때가 있나요?
그런 일이 얼마나 자주 있나요?

당신이 가장 좋은 모습을 보일 때는 언제인가요?

(순서대로 나열해보세요.)

a. 거울 앞에서

b. 식탁에서

c. 차가 막힐 때

d. 침대에서

e. 관 속에서

|

당신에게 맞지 않는 목표를 추구할 때 얼마나
효율적으로 행동하나요?

|

다른 사람들이 생각하고 기대하는 모습으로만
살아간다면 과연 견딜 수 있을까요?

|

당신의 꿈이 무엇인지를 당신 외에 또 누가 알고
있나요?

|

당신이 가진 꿈을 누가 더 좋아하나요?

a. 당신 자신
b. 다른 사람들

|

정체성에 문제가 있나요? 아니면 정체성의 문제를
여러 개 끌어안고 있나요?

|

태어나기 전에 자신의 삶을 시험 운전해 보았다면,
당신은 지금의 삶을 선택했을까요?

|

진실 ──────────── ,

모든 의심을 초월하는 것은
무엇일까요?

완전한 진실을 원하나요?

|

진실은 아직도 소중한 것일까요?

|

누구에게 소중한 것일까요?

|

의심되는데도 머리가 복잡해지기 싫어 모르는 척하는
경우가 많은가요?

|

사실이 변하면 당신의 생각도 변하나요? 왜 그런가요?
혹은 왜 그렇지 않은가요?

|

더 이상 진실에 대해 함구할 수 없을 때가 올까 봐
두려운가요? 두뇌의 질병 같은 걸로 말미암아 당신
안에 있던 모든 말들이 걸러지지 않고 술술 풀려나올까
봐서요?

|

정치인도, 학자도, 당신도, 아무도 이 세상을 완전히
이해하지 못한다고 생각하면 마음이 답답한가요?

|

작은 희망들이 많은 것이 좋은가요? 아니면 커다란
희망이 하나 있는 것이 좋은가요?

당신이 품고 있던 희망은 어떻게 사라지나요?

a. 과열된 핵 원자로처럼 폭발해버린다.

b. 비눗방울처럼 터져버린다.

c. 눈 녹듯이 녹아버린다.

d. 몇 달 동안 바람을 넣지 않은 타이어처럼
   쪼그라들어버린다.

당신은 얼마나 많은 진실을 받아들일 준비가 되어
있나요?

a. 좋아하는 사람에 대해

b. 좋아하지 않는 사람에 대해

|

모호한 추측의 형태로 남아 있었더라면 더 좋았을
진실들이 있나요?

|

확신을 주던 카드 집이 무너져 내리고 나면, 다시
짓기 위해 옛날 카드를 사용할 건가요, 새로운 카드를
사용할 건가요?

|

커다란 환상을 지탱하기 위해서는 작은 진실들이
최소한 얼마나 많이 필요할까요?

환상인 줄 알면서도 놓지 않고 부여잡고 있는
환상으로는 어떤 것이 있나요?

주식 ──────────────── ,

삶에 대한 조언과
주식시장에 대한 조언 중
어떤 쪽을 잘 받아들이나요?

주식에 투자하듯 인간에게 투자할 수 있다고 한다면,
당신은 아는 사람 중 누구에게 투자할 건가요?

|

당신은 얼마의 가치가 있나요?

|

당신이 큰 은행의 수석 대변인으로 지명된다면 그
자리에서 받는 월급을 정당한 것으로 생각할까요?
정당하지 않을 경우, 그럼에도 그것을 수락할까요?
왜인가요?

|

주식으로 수백만 달러를 벌었다가 다시 모조리
잃었다고 한다면, 당신은 어떤 기분일까요?

a. 예전과 다름없는 기분

b. 예전보다 더 좋은 기분

c. 예전보다 더 나쁜 기분

|

전능한 신이 당신의 재산을 완벽하게 관리할 수
있을까요? 아니면 당신은 신이 도덕적으로 당신의
돈을 투자할까 봐 불안할까요?

|

당신의 결혼 생활이 일종의 주식회사라고 한다면, 이
회사의 주식을 추천할 수 있나요?

|

당신이 누리는 생활수준과 소득 중 어느 정도가
다른 나라가 아닌 이 나라에 태어난 덕분에 누리는
것인가요? 그리하여 당신은 국가에 빚을 졌다고
생각하나요? 가난한 나라에서 태어난 사람들에게
부채감을 느끼나요?

|

패션

──────────────────── ,

당신의 패션 스타일이
사고방식에도
영향을 미치나요?

당신의 배우자가 뚜렷한 이유도 없이 갑자기 옷을 신경 써서 입기 시작하면 뭔가 불안해지나요?

|

패션 스타일이 마음에 들지 않아 그 사람 자체를 싫어하게 된 적이 있나요?

|

패션 스타일을 보고 가장 먼저 알 수 있는 것은?

a. 현재 당신의 인격

b. 당신이 추구하는 인격

c. 당신의 수입 상황

d. 당신의 출신 배경이나 사회적 지위

e. 배우자의 취향

|

패셔니스타가 되고 싶은가요? 그 마음을 숨기지 않고
공공연하게 내보이는 편인가요?

|

온 세계가 다시금 루이 14세 때처럼 가발을 쓰고
다닌다고 해봐요. 당신도 쓰고 다닐까요? 모두가
쓰는데도 안 쓰고 다닐 자신이 있나요?

|

신이 당신을 선한 의도뿐 아니라 옷차림을 보고
평가한다면, 이 사실은 당신에게 희망을 불어넣나요?

|

당신은 짝퉁 루이비통 가방과 진짜 루이비통 가방을
구별할 수 있나요?

진짜 명품을 들고 다니는 사람이 짝퉁을 들고 다니는
사람보다 더 믿을 만하다고 생각하나요?

더 이상 입고 다니지 않을 것인데도 뭔가 애착이
느껴져서 버리지 못하는 옷들이 있나요?

외출할 일이 없을 때는 후줄근한 옷차림으로
다니나요?

|

당신은 얼마나 뒤처져서 유행을 따라가나요? 몇 년? 몇
달? 몇 주? 며칠?

|

당신이 유행의 대열에 합류하려면 유행의 물결은
얼마나 강해야 할까요?

|

관 속에 들어갈 때도 옷을 잘 입고 싶은가요?

|

지금의 연인 또는 배우자를 만나고 나서 옷을 더 잘
입게 되었나요?

|

고용과 해고
━━━━━━━━━━━━━━━━━ ,

당신이라면 당신의 상사를
고용했을까요?

팀 분위기를 쇄신하기 위해 돈을 들이는 대신 '뉴페이스'로 분위기를 쇄신하려면 직원을 얼마나 자주 교체해주어야 할까요?

당신이라면 당신보다 훨씬 더 똑똑한 사람을 채용할 건가요?

당신보다 훨씬 똑똑한 사람들은 당신 같은 사람을 채용할까요?

당신보다 똑똑한 부하 직원이 당신의 자리를
위태롭게 하지 않을 거라는 보장이 있나요? 왜 그렇게
확신하나요?

신입 사원 면접을 보는데 얼굴 대한 지 1분 만에 '아,
이 지원자는 안 되겠구나.' 하는 생각이 들었는데도
예의상 면접을 진행할 건가요? 이런 경우 면접을
얼마나 오래 끌 건가요?

상사의 총애를 받아 승진한 남성이 많다고 생각하나요,
여성이 많다고 생각하나요? 이것이 남녀평등에
어긋나는 일이라고 생각한 적이 있나요?

당신의 팀원 중 어울리지 않는 보직에 앉아 있는
사람이 얼마나 많은가요?

당신도 그중 한 명인가요?

당신은 현재의 직장에서 근무 시간에 잡 포털을
뒤지고, 이력서를 손보고, 헤드헌터와 전화 통화를
하는 등 다른 직장으로 옮기기 위해 필요한 일들로
얼마나 시간을 많이 보내나요?

회사를 사직하고 나올 때, 당신은 마음속으로 그
회사가 당신이 떠난 뒤 어려움에 빠지기를 바라나요?
왜 그런가요?

|

해고를 둘러싸고 힘든 대화를 할 필요가 없이 단추만
눌러서 해고할 수 있다면 이미 오래전에 해고해버렸을
직원들이 있나요? 어떤 직원들인가요?

|

당신과 관련하여 절대로 알려지면 안 될 사실을 알고
있다는 이유 때문에 차마 해고할 수 없는 직원들이
있나요?

|

상사의 은밀한 사생활 중에 절대로 알고 싶지 않은
것은 무엇인가요?

희망과 두려움

─────────────────── ,

나이가 들어갈수록
희망이 더 커지나요, 아니면
작아지나요?

희망은 과연 어떤 유익이 있을까요? 상황을
변화시키려고 할 때는 희망이 아니라 행동이 필요하고,
상황을 변화시킬 수 없을 때는 희망을 가져봤자 소용이
없잖아요.

|

희망이 없는 세상은 실망도 더 적을까요?

|

오해받기를 간절히 바라는 상황도 있을까요?

|

결코 실현될 수 없음을 알고 있는 희망은 당신에게
얼마나 가치가 있나요?

|

두려움도 내적 풍요에 기여한다고 말할 수 있을까요?

|

잔걱정이 많은 것과 커다란 걱정이 하나 있는 것 중
무엇이 더 나은가요?

|

사람들이 당신의 동상을 건립하려 한다고 할 때, 어떤
포즈로 영원히 남고 싶나요?

a. 승리에 찬 모습

b. 희망에 찬 모습

c. 걱정하는 모습

d. 생각에 잠긴 모습

e. 어깨를 으쓱하는 모습

|

당신이 프란츠 카프카의 《심판》에 나오는 주인공
요제프 K.처럼 어느 날 갑자기 이유도 알지 못한 채
체포되었다고 해봐요. 다른 사람과 혼동한 것도 아니고
당신을 체포하려 한 것이 맞다는 거예요. 체포된
이유와 관련하여 당신에게 가장 처음 떠오르는 생각은
무엇일까요?

|

당신에 대해 국제 체포 영장이 발부되어 수색 중이라면
당신은 어디에 숨을까요?

　|

당신이 지금 하고 있는 걱정 중 어느 것이 다음에
해당하나요?

a. 이유 있는 걱정

b. 과도한 걱정

c. 전혀 근거 없는 걱정

　|

걱정해야 마땅하지만 걱정하지 않는 일들도 있나요?

　|

경고 표지판 앞에서도 위험을 인식하지 못하는 일들이
종종 발생하나요? 그런 일이 얼마나 자주 있나요?

모든 걸 좋게만 보는 상태가 너무 오래 지속될 때는
무슨 약을 복용해야 할까요?

마음

──────────────────,

1년 뒤 절반 가격에
재구입할 수 있다면,
당신의 마음을
얼마에 팔겠어요?

마음을 정의해보세요.

|

당신의 현재의 마음 상태에 가장 잘 어울리는 음악은
무엇일까요?

|

잘 가꾸어진 내면 상태를 얼마나 중요하게
생각하나요?

|

스스로 능력 있는 감정 관리자라고 생각하나요?

|

속으로 몰래 웃는 것과 겉으로 깔깔대며 웃는 것 중
당신의 더 솔직한 모습은 어느 쪽인가요?

|

당신의 마음에는 아직 감정을 느낄 여지가 많이 남아
있나요? 아니면 이미 꽉 차 있나요?

|

신경계가 없는 생물에 대해서도 동정심을 갖나요?
가령 쓰러진 나무들을 볼 때도요?

|

돌들에게도 감정이입이 되나요?

|

마음의 구조 조정 차원에서 감정 중 하나를 정리
해고해야 한다면, 어떤 감정을 정리할 건가요?

|

신체가 아니라 마음이 추울 때, 이 추위를 어떻게 녹일
수 있을까요?

당신의 마음은 논쟁을 좋아하나요?

당신은 마음의 좋은 주인인가요?

마음의 상처에 대해 얼마나 터놓고 이야기할 수
있나요?

|

당신이 마음의 심연 위에서 줄타기를 하고 있다고
생각해봐요. 그 줄은 얼마나 얇은가요?

|

때로 감정을 조절하는 것이 힘든 것은 내면이
풍요롭다는 표시일까요? 아니면 사고력이 떨어진다는
표시일까요?

|

내세
——————————————,

저세상에
또 다른 저세상이 있다면
저세상은 한결 더
매력적으로 다가올까요?

당신의 생각에 저세상에 최소한 있어야 한다고
생각하는 인프라 구조는 무엇인가요?

당신이 세상을 떠난 뒤 사람들이 당신을 얼마나 오래
그리워할 거라고 생각하나요? 날짜로 말해보세요.

재산은 가지고 가지 못해도 최소한 이 세상에서 습득한
능력이라도 저세상으로 가지고 갔으면 하나요? 아니면
백지 상태에서 다시 시작해야 한다고 생각하는 편이 더
마음이 편한가요?

세상을 떠난 뒤 이 세상에서 일어나는 말도 안 되는
일을 바깥에서 보고 있기가 힘들 것 같나요? 전혀 손쓸
수도 없이 보기만 해야 하는 현실이 개탄스러울까요?

|

당신은 개미를 아무렇게나 밟아 죽이는 타입인가요?
아니면 개미가 혹시나 다음 생에서 보복할까 봐, 혹은
다음 생에 당신이 개미로 태어날까 봐 두려워하나요?

|

세상을 떠나기 마지막 5분 전에 임종 자리에서 인생을
결산하는 것이 맞다고 생각하나요? 어차피 곧 죽을
건데 뭐하러 인생을 결산하나요?

|

그럼에도 인생을 결산하는 것이 중요하다고
생각하는 경우, 결산하면서 뿌듯한 마음이 들 거라고
생각하나요? 뿌듯한 마음이 들지 않을 거라면 뭐하러
인생의 마지막 순간을 망쳐버리려고 하나요? 결산을
미리 하고, 인생의 마지막 5분은 더 좋은 마무리를
위해 남겨두는 것이 낫지 않나요? 아니면 지금부터
임종 전까지의 기간에 평가 결과가 한결 좋아질 거라고
기대하나요?

|

당신이 세상을 떠난 뒤 사람들이 당신을 더 오래, 더
많이 그리워하도록 하기 위해 지금 어떤 조치를 취할
수 있을까요?

|

손님 ──────────────── ,

누군가를 식사에 초대하면서
그가 거절해주기를
바란 적이 많은가요?

손님이 이제 가야 한다고 일어설 때와 더 머물고 싶어
할 때 중 어느 쪽이 더 기분이 좋은가요?

당신이 재미없는 사람의 초대를 받았을 때 조금만 놀다
헤어지기 위해 당신이 즐겨 대는 핑계는 무엇인가요?

사람들이 당신의 이름을 까먹은 경우 실망스럽나요?
아니면 당신도 늘 사람들의 이름을 까먹기에 예사로
여기나요?

당신의 의견이 손님들의 의견과 똑같다는 것을
확인하게 되었을 때, 기분이 좋은가요, 아니면
싫은가요?

|

혼자 있을 때와 사람들 사이에 있을 때(회식이나 모임
등), 둘 중 어느 때가 더 지루한가요?

|

누군가가 당신을 위해 요리를 해주었는데 맛이
없었다고 해봐요. 그래도 요리를 해준 사람의 성의를
생각해서 요리 솜씨를 칭찬하며 많이 먹나요? 아니면
요즘 식욕이 없고 속이 좋지 않다는 핑계를 대며
음식을 남기나요?

|

당신이 좋은 네트워크를 가지고 있다는 것을 다른
손님들에게 과시하기 위해 늘 당신 쪽에서만 식사
초대를 하는 사람이 있나요?

당신에게 잘 보이고 싶어 하는 손님들은 당신의 마음에
드나요?

손님이 당신보다 당신의 강아지를 잘 다루고 강아지도
그 손님을 잘 따르는 걸 보면 질투심이 생기나요?

식사 초대를 받더라도 절대로 응하고 싶지 않은 사람이
지인 중에 있나요?

|

이 세상에 손님으로 살아가고 있다고 느끼나요?
그렇다면 그에 상응하게 행동하고 있나요?

|

가족이나 친척이 아니었다면 집에 절대로 부르지
않았을 가족이나 친척은 누구인가요?

|

이제 저녁 모임을 파해야 할 시간이라는 걸 손님들에게
어떻게 신호하나요? 또는 손님들이 이제 저녁
모임을 끝내야 할 시간이라는 걸 당신에게 어떻게
신호하나요?

신분 ──────────,

당신의 신분을
상징하기 위해 내보이는 것과
당신의 신분 사이에는
얼마나 큰 간극이 있나요?

저세상에서 더 좋은 신분을 얻기 위해 이 세상에서
신분상의 약점을 얼마나 감수할 용의가 있나요?

당신이 지금의 신분을 잃는다면 더불어 잃어버리게 될
친구는 누구인가요?

당신에게 있어서 완벽한 날을 묘사해보세요. 그 안에
어떤 명품 브랜드가 등장하나요?

당신 차보다 더 좋지 않은 차를 몰고 다니는
사람들에게 동정심이 느껴지나요?

|

당신이 현실에 대한 감이 떨어진다면, 그것은 당신의
감 탓인가요, 현실 탓인가요?

|

누구와 찍은 사진이 당신의 신분을 과시하는 데 가장
도움이 되나요?

|

달 분화구에 당신의 이름이 붙는다면 당신은 그것을
얼마나 영예롭게 여길까요?

|

당신이 누리는 특권 중 얼마나 많은 것이 당신의
직업적 위치로 인한 것인가요? 또 얼마나 많은 것이
당신의 인격으로 인한 것인가요? 바꿔 말해, 당신이
은퇴를 하고 나면 저녁 식사 초대를 받는 일이 어느
정도로 줄어들까요?

|

현재의 배우자가 당신에게는 신분을 상징하는
존재인가요?

|

당신의 신분이 배우자에게 긍정적인 영향을 주나요,
부정적인 영향을 주나요?

|

당신이 자신의 지위를 스스로 정하지 못하고 다른
사람들의 평가에 의존해야 한다는 것이 불쾌한가요?

|

당신과 사회적으로 비슷한 위치에 있는 사람들과
특별한 방식으로 연결되어 있는 듯한 기분이 드나요?

|

당신과 사회적으로 비슷한 위치에 있는 사람들과
가까워지는 것이 사회적 위계질서를 초월한 우정을
맺는 것보다 더 쉬운가요, 어려운가요?

|

죽음과 동시에 현재 누리고 있는 특권들을 몽땅
잃어버릴 거라는 사실을 생각하면 슬픈가요?

|

삶의 기쁨

―――――――――――――――― ,

불행한 사람처럼
보이지 않으려면
얼마나 행복해야 할까요?

전쟁도, 굶주림도, 페스트도 없는데, 당신은 어째서
기쁨에 넘치는 삶을 살지 않나요?

얼마나 많은 괴로움을 겪어야 행복을 행복으로 경험할
수 있을까요? 정말로 행복할 수 있기까지 당신에게는
고통의 경험들이 얼마나 필요한가요?

행복이 악기처럼 열심히 연습해서 배울 수 있는 것이면
좋을까요? 어둠 속에서 발을 헛디뎌 가며 힘들게
행복을 얻는 편이 더 좋다고 생각하나요? 행복을
연습으로 터득할 수 없는 이유가 무엇일까요?

당신이 행복을 느끼는 순간은 평균적으로 얼마나 오래
지속되나요? 반대로 고통을 느끼는 시간은 얼마나
오래가나요?

|

근심과 우울함이 당신을 행복하게 하는 순간들도
있나요? 그렇다면 그것은 무엇 때문인가요?

|

삶의 여러 가지 상황에서 얼마나 많은 행복의 정의를
이미 적용해보았나요?

|

누가 당신의 행복을 결정하나요?

a. 정치인

b. 배우자

c. 상사

d. 신 또는 종교 지도자

e. 심리 치료사

f. 좋아하는 야구팀

g. 자녀들

h. 강아지

i. 경찰

j. 기타 다른 사람

당신의 행복에 기여한 책들이 있나요?

행복했던 시간들과 불행했던 시간들 중 어느 쪽을 더
빨리 잊어버리나요?

당신의 견해에 가장 잘 맞는 발언은 다음 중 어떤
것인가요?

a. 본질적인 것은 지엽적인 것의 바다에 있는 작은
   섬이다.

b. 지엽적인 것은 본질적인 것의 바다에 있는 작은
   섬이다.

c. 섬은 없다. 모든 것이 다 지엽적인 것이다.

d. 섬은 없다. 모든 것이 다 의미 있는 것들이다.

다른 동물에 비해 더 행복한 동물이 있을까요?

|

당신이 애써 자신의 행복을 방해하기 위해 동원하는
주된 전략은 무엇인가요?

|

건강

_____ ,

비타민을 한 알 삼켜서
늘릴 수 있는 추가 수명은
몇 분 정도일까요?

건강한 쪽이 나은가요, 행복한 쪽이 나은가요?

|

살면서 당신에게 유익이 되었던 질병도 있나요? 그로
인해 깨달음을 얻었거나, 성격이 강인해졌거나, 거짓
친구들이 떨어져나간 질병이 있었나요?

|

어느 쪽이 더 재미있게 읽힐까요? 당신의 질병 이야기,
아니면 건강 이야기?

|

건강한 상태보다 더 건강한 상태가 있다고 믿나요?
질병에 대해 전혀 걱정할 필요가 없는 완벽하게 건강한
상태가 있을까요?

좋은 의사는 어떤 의사일까요?

a. 병가를 내어야 할 때 알아서 처방전을 써주는 의사
b. 진료를 보러 갔을 때 대기 시간이 짧은 의사
c. 말을 돌리지 않고 진실을 말해주는 의사
d. 진실을 함구하는 의사
e. 학회에 자주 다니는 의사
f. 진료실 벽에 학위증을 많이 걸어놓은 의사
g. 윙크하지 않고 비아그라를 처방해주는 의사

한 시간의 기도가 매일 먹는 약과 동일한 효과가 있다면, 당신은 시간을 들이는 것을 감수하고 기도를 할 건가요? 아니면 그냥 편하게 알약을 복용할까요?

|

효과보다 부작용이 더 큰 약을 복용해본 적이 있나요?

|

당신의 몸에 당신이 다른 사인으로 죽을 때까지 결코 발병하지 않을, 치명적인 질병 인자들이 얼마나 많이 있는지 알고 싶은가요?

|

세대 차이

──────────────────────── ,

다른 세대 사람들을 만나면
얼마나 낯설게 느껴지나요?

당신이 당신보다 나이가 적은 사람에게 먼저 말을
편안하게 하라고 제안했다면 이것은 당신에게 어떤
의미인가요?

a. 젊은 사람에게 선사하는 일종의 선물

b. 젊은 사람들과 함께 놀기 위해 치러야 하는 대가

c. 젊은 사람들이 당신에게 먼저 다가와 말을 격의
   없이 할까 봐 미리 선수를 친 것

|

사람들이 당신을 아직은 좋은 눈초리로 보아주나요?
아니면 나이 들었다고 무시당하지 않도록 벌써 노력을
해야 하나요?

|

당신은 나이 드는 것이 즐겁나요?

|

왜 나이 드는 것이 즐거운가요?

|

교사가 시켜서 학생들이 양로원에 가서 노래를
불렀다고 한다면, 당신은 이때 학생들, 교사들, 노인들
중에 누가 가장 딱하다고 생각되나요?

|

언젠가는 누군가가 당신의 진가를 알아봐줄 날이 있을
거라는 희망을 버리게 된 것은 몇 살 때였나요?

|

육체적으로 세대 차이를 뛰어넘는 사람이 되기를
바라나요?

|

당신은 나이 들어갈수록 더 수완이 좋은 사람이
되어가나요? 아니면 수완이 없는 사람이 되어가나요?
이런 변화를 진보로 여기나요?

|

계절이 가기 전 마지막으로 한껏 피어나는 꽃처럼
노년에 딱 한 번이라도 그렇게 활짝 피어나기를
기대하나요? 생명이 끝나기 전에 마지막으로 우뚝
서서 제어할 수 없는 삶의 즐거움과 넘치는 활력을
맛보기를 원하는지 묻는 거예요.

|

실수를 해봤자 그것이 미치는 시간이 길지 않을
것이므로, 나이 들어갈수록 더 해방감이 느껴지나요?

|

당신의 전기가 현재 이미 전자책으로 판매되고 있다고
한다면, 당신은 그것을 다운로드할 건가요?

|

노화의 증상이 점진적으로 찾아오지 않고, 뜀뛰기를 하듯이 주기적으로 나타나는 게 나을까요? 그리하여 매년 1월 1일에 그해 늙을 걸 다 늙어버리고, 나머지 날들은 비교적 안심하고 지낼 수 있게 말이에요.

체크아웃 질문

─────────────────,

지금까지의 인생 경험이
앞으로 남은 인생을 사는 데
매우 도움이 된다.

□ 전혀 그렇지 않다 □ 그렇지 않다
□ 보통이다 □ 그렇다 □ 매우 그렇다

당신의 인생을 1점(매우 나쁘다)에서 6점(탁월하다) 중
점수를 매긴다면 몇 점일까요?

당신이 인생을 살아온 방식이 인생에 대한 이해의 폭을
넓혔다고 생각하나요?

내 인생은 매우 흥미로웠다.

☐ 전혀 그렇지 않다

☐ 그렇지 않다

☐ 보통이다

☐ 그렇다

☐ 매우 그렇다

내 삶은 질서정연하게 진행되었다.

☐ 전혀 그렇지 않다

☐ 그렇지 않다

☐ 보통이다

☐ 그렇다

☐ 매우 그렇다

|

나는 즉흥적으로 행동하고 말도 마구 했지만, 신이 늘
질서를 잡아주었다.

☐ 그렇다

☐ 약간 그렇다

☐ 별로 그렇지 않다

☐ 그렇지 않다

|

신이 내 행동에 유용한 피드백을 주었다.

□ 전혀 그런 적이 없었다

□ 드물게 그랬다

□ 간혹 그랬다

□ 종종 그랬다

□ 언제나 그랬다

|

인생에서 얻은 지식이 나를 더욱 능력 있게 만들어줄
것이다.

□ 전혀 그렇지 않다

□ 그렇지 않다

□ 보통이다

□ 그렇다

□ 매우 그렇다

|

삶에서 진정으로 중요한 것들은 보이지 않게 숨겨져
있을 때가 많았다.

☐ 그렇다

☐ 약간 그렇다

☐ 별로 그렇지 않다

☐ 그렇지 않다

ㅣ

시간적 여유가 없었기에 살면서 다양한 주제를
파고들지는 못했다.

☐ 그렇다

☐ 약간 그렇다

☐ 별로 그렇지 않다

☐ 그렇지 않다

ㅣ

많은 방해 거리들이 효율적인 삶을 방해했다.

□ 전혀 그렇지 않다

□ 그렇지 않다

□ 보통이다

□ 그렇다

□ 매우 그렇다

|

휴식과 재충전의 시간이 충분했다.

□ 전혀 그렇지 않다

□ 그렇지 않다

□ 보통이다

□ 그렇다

□ 매우 그렇다

|

이제 인생이 뭔지 알 것 같다.

☐ 전혀 그렇지 않다

☐ 그렇지 않다

☐ 보통이다

☐ 그렇다

☐ 매우 그렇다

|

궁금한 것들에 대해 아직 속 시원한 해답을 얻지
못했다.

☐ 전혀 그렇지 않다

☐ 그렇지 않다

☐ 보통이다

☐ 그렇다

☐ 매우 그렇다

|

당신은 어떤 일에 적극적으로 참여하지 않고
소극적으로 뒤로 빼곤 하였나요? 자주 그래 왔다면 그
이유는 무엇인가요?

a. 내용이 구미를 당기지 않아서
b. 참가자들이 마음에 들지 않아서
c. 시간이 맞지 않아서
d. 책을 통해 이론적으로 탐구하는 것으로 충분해서

|

전반적으로 평가할 때 당신은 삶에서 배운 것이 어느
정도인가요?

☐ 아주 적다
☐ 적다
☐ 많지 않다
☐ 많다
☐ 아주 많다

|

더 나은 삶을 살기 위해 제안할 것들이 있나요?
자리가 충분하지 않으면 다른 종이를 사용해도
좋습니다.

전체적으로 볼 때 내 인생은 다른 사람에게 추천해줄 만하다.

YES ———— *or* ———— NO

그런데, 삶이란 무엇인가

초판 1쇄 인쇄 2018년 10월 8일
초판 1쇄 발행 2018년 10월 17일

지은이 | 롤프 도벨리
옮긴이 | 유영미
펴낸이 | 한순 이희섭
펴낸곳 | (주)도서출판 나무생각
편집 | 위정훈 조예은
디자인 | 박민선
마케팅 | 이재석 한현정
출판등록 | 1999년 8월 19일 제1999-000112호
주소 | 서울특별시 마포구 월드컵로 70-4(서교동) 1F
전화 | 02)334-3339, 3308, 3361
팩스 | 02)334-3318
이메일 | tree3339@hanmail.net
홈페이지 | www.namubook.co.kr
트위터 ID | @namubook

ISBN 979-11-6218-037-2 03320

이 도서의 국립중앙도서관 출판예정도서목록(CIP)은 서지정보유통지원시스템 홈페이지
(http://seoji.nl.go.kr)와 국가자료공동목록시스템(http://www.nl.go.kr/kolisnet)에서
이용하실 수 있습니다. (CIP제어번호: CIP2018027629)